COCCO
la petite coccinelle

COCCO
la petite coccinelle

Maryam Aguenagay

Texte et illustration
Maryam Aguenagay

Il était une fois, dans les grands

champs verts, ou le vent soufflait

d'un air doux. Une petite

coccinelle qui avait des couleurs

d'arc-en-ciel sur ses ailes noires,

qui s'appelait

Cocco.

Un jour, pendant qu'elle se promenait dans les petits champs, elle apercevait une fleur toute triste, qui avait des larmes dans les yeux. elle lui demanda : « pourquoi pleures-tu belle fleur ? La fleur lui répondit avec une voix triste : « ce matin, je me suis réveillé et je ne trouve plus ma couleur sur mes jolis pétales. Je suis devenue une fleur sans couleur, C'est horrible ! ».

Touchée par ses larmes, Cocco lui demanda de choisir une couleur parmi les couleurs qu'elle avait sur ses ailes. La fleur choisit la couleur rouge. Cocco n'hésita pas à lui offrir la couleur rouge, qui l'avait perdu après de ses ailes. La fleur devint toute rouge, toute vivante et si heureuse qu'elle remercia Cocco pour sa générosité.

Cocco poursuivi son chemin dans les champs vert, elle rencontra un papillon assis sur le rocher au près d'une rivière.

Le papillon paraît triste. Cocco lui demanda pourquoi était-il si triste.il leva la tête et disait à Cocco : « Ce matin, quand je me suis levé, j'ai ouvert mes ailes pour voler dans le ciel bleu. J'ai aperçu que toutes mes couleurs sur mon aile avaient disparu ma couleur violette, verte et bleue.

Cocco se sentait mal pour le papillon, alors elle décida de lui offrir les trois couleurs qu'il avait perdues.

Aussitôt dit aussitôt fait, le papillon retrouva son grand sourire après avoir ses trois couleurs violet, bleu et vert, et ouvra ses ailes en air pour montrer à Cocco les belles couleurs qu'il en a reçu.
Cocco continua son aventure.

Mais Pas très loin de la rivière, Cocco aperçut une petite abeille assise sous un arbre dans les champs. Il lui demanda « pourquoi es-tu triste madame abeille ? »
« Ce matin je me suis réveillé, et j'ai trouvé que ma couleur jaune sur mes ailes et mes rayures a disparue. »

De sa nature généreuse, Cocco proposa à
l'abeille de lui donner la couleur jaune qui lui
manquait afin qu'elle devienne contente.

Cocco, s'envola dans le ciel bleu avec deux couleurs qui lui restaient sur ses ailes. Une fois arrivé auprès d'un oranger, une petite orange, lui parla avec une voix douce:

« bonjour, petite coccinelle nous avons entendu que tu partageais les couleurs sur tes ailes, est ce que tu peux aider notre grande sœur, elle aussi a perdu sa couleur orange ce matin ».

Cocco s'approcha plus de l'oranger pour voir l'orange triste.

 Afin de la rendre heureuse, Cocco lui offre la couleur qui lui restait, la couleur orange. Toute heureuse, l'orange criait « youpi, regardez ma belle couleur, je suis redevenu une belle orange , grâce à toi Cocco , Merci beaucoup ». Cocco s'envola en disant aurevoir aux oranges.

Coco recentra une mante
religieuse qui elle aussi a
perdu sa couleur verte .
Coco lui proposa de lui
offrir la couleur verte
restant sur ses ailes noires
.

Toute heureuse , la mante religieuse reprit sa belle couleur verte .

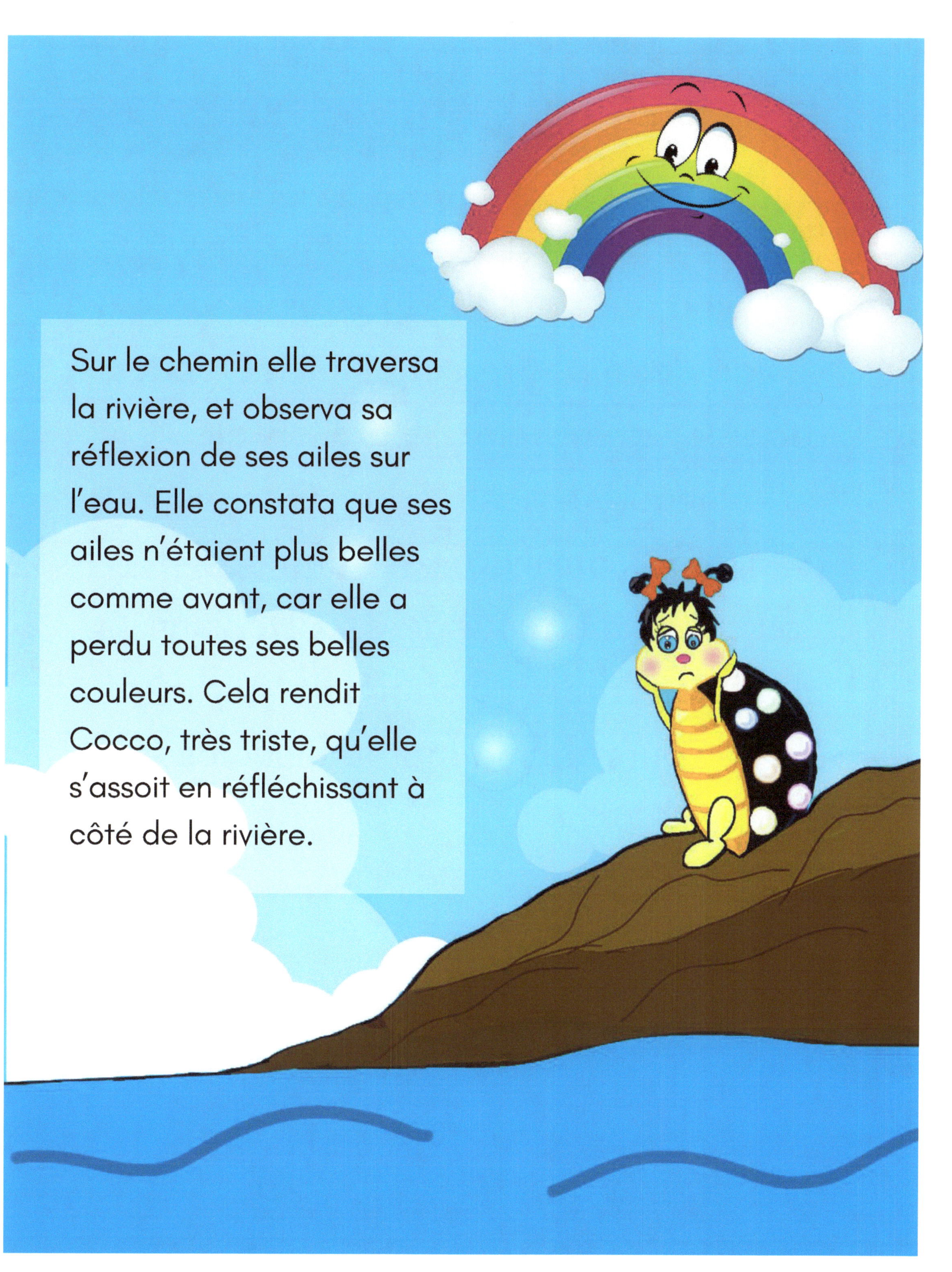

Sur le chemin elle traversa la rivière, et observa sa réflexion de ses ailes sur l'eau. Elle constata que ses ailes n'étaient plus belles comme avant, car elle a perdu toutes ses belles couleurs. Cela rendit Cocco, très triste, qu'elle s'assoit en réfléchissant à côté de la rivière.

Monsieur l'arc-en-ciel, passa dans le ciel bleu et aperçoit la tristesse sur le visage de la petite coccinelle. Cocco raconta son histoire à l'arc-en-ciel.
« Ne t'inquiète pas Cocco, Comme tu as aidé tes amis dans les champs, je t'aiderai à mon tour aussi. » Dans un clin D'œil l'arc en ciel offrait toutes les couleurs qui manquaient sur les ailes de Cocco.

Cet ainsi que Cocco trouva son grand sourire et remercia l'arc -
en ciel pour les belles couleurs sur ses ailes.

Nous avons tous l'esprit de Cocco à l'intérieur de nous, c'est important d'aider les autres qui ont besoin d'aide.

Soyez comme Cocco.

Maryam Aguenagay est née au Maroc et vit à Vancouver, Canada. Elle était professeur de primaire au Maroc pour plus de 7 ans, maintenant éducatrice en petite enfance au Canada.

Elle adore créer des histoires pour les tous petits.

Les enfants sont sa source d'inspiration.